Poesia Original

SOB O SONO DOS SÉCULOS

sob o sono dos séculos

MÁRCIO KETNER SGUASSÁBIA

Poemas

1ª reimpressão, São Paulo, 2023

LARANJA ● ORIGINAL

*"mas sob o sono dos séculos
amanheceu o espetáculo"*
chico buarque

*este livro não tem dedicatória.
é uma dedicatória.*

matriz

poética

observar
absorver

etiologia

não passava rio
na porta de casa,
passava rua.

bússola

pro joão, avô

meus dedos rodam
a caneta
sobre a mesa,
e a ponta dela
sempre para
na direção
de seu retrato:

de seus olhos
ganho o norte,
e de seu sangue,
a poesia.

sala proibida

cristais e bibelôs
sobre a mesa de centro.

vigilantes,
olhares vivos e mortos
despontavam dos retratos:
todo cuidado era pouco.

o espelho antigo
convidava ao encanto
de ver o mundo duplicado,
por mais
que impacientes parecessem
os anjos da moldura.

a casa de minha avó.
a sala proibida.
as mãos para trás.

e a chama da memória
que me proíbe
de esquecê-la.

fonte

uma avó
era história

a outra,
estória.

infância

quando minha tia freira dizia ser a esposa de cristo,
eu me perguntava como era possível viver tanto.

domingo

pro alfredo

do algodão-doce eu só queria era o palito
porque o sabor estava
na façanha de imitar
sobre as escadas do coreto
o maestro
regendo a banda

passeio

com patas de formiga
uma flor caminha
sobre o paralelepípedo

matriz

                    seis horas.
            o lamento
       do sino
embala
    o percurso
        das aves
            marias.

algodoal

um anjinho
atrapalhado
tropeçou
no céu
despedaçando
a nuvem
sobre a
plantação

virtude

é de flor que dá no mato
assim sem cheiro nem dono
que eu gosto mais.

quer alegria maior
do que sempre achar alguma
pelos quintais?

cigarra em casca
lá na goiabeira:
poesia morta,
silêncio e poeira.

riotempo

na piracema os peixes
para garantir o futuro
voltam ao passado

reverência

pra lílian e pro márcio

beijar as mãos
que tricotam amor
e as mãos
que desenham ternura
é pedir,
antes da bênção,
a licença
de existir.

anna júlia

a poesia
dos seus olhos
é minha leitura
predileta

onde dorme o tempo

lá era o sem-fim
da terra, do verde, da vida.

a infância a correr nos pastos.
o perdão a escorrer dos frutos.
a amizade a nascer das pedras.

"é no céu que mora Deus",
minha avó dizia, mesmo eu sabendo
que Deus morava era junto dela.

três tias, três encantos:
o cuidado, o carinho e a liberdade.

e o meu tio, que tinha voz de lobo mau.

todos frutos da mesma árvore:
a bisa, que a cada manhã
doava um pouco de sua luz ao sol
por que, do caminho, ninguém se desviasse.

a bisa, mãe
da terra, do verde, da vida.

a bisa, seus olhos, multiplicados
nos mil olhos vigilantes
da jabuticabeira.

a estância onde dorme o tempo
e a viagem imóvel das lembranças.

manhã

a bisa tomava sol
como quem rezava
feito quem ouvia

a bisa tomava sol
como quem sonhava
feito quem sabia

a bisa tomava sol
como quem ficava
quem nunca partia

presença

enterrado o corpo
arrumado o quarto
aberta a cortina
doadas as roupas
guardadas as fotos
ela, ainda assim, permanecia

feito esse vento
que tantas vezes espalhou
as folhas que varria

as garças lá do sítio
não queriam saber de se mexer.

eu chegava mais perto
(cabreiro que era nos primeiros passos),
e elas nem ensaiavam movimento.

mas num impulso de coragem não sabida
toquei suas pernas:
duras e frias.

a essa primeira decepção deram depois o nome de
escultura.

ninho

o boi
cujo corpo
era o mais escolhido
pelo descanso das aves

pulava muito
a primeira cachorrinha.

um dia,
pulou tão alto
tão alto
que se multiplicou no céu
(fazendo jus ao nome)
em nuvens de
pipoca.

com nomes das **bisavós**
batizei quatro árvores:

ana lúcia
angelina
amália
francisca

para que as raízes delas
nutrissem também as minhas.

motriz

registro

o prenúncio
de todo este martírio
foi ter roubado o nome
de uma árvore que sangra

voo

no céu
da vila,
a pipa:
mãos meninas
mostram
estarmos
sempre
por um fio
da liberdade.

dia das bruxas

e o menino
só ganhou
balas
perdidas

rosa lúcia

deu de falar só com três anos:
a mãe e o pai eram silêncio e trabalho,
e ela não sabia imitar a conversa das enxadas
nem a voz afiada dos facões.

paisagem

no verde
oceano
da cana
uma
carne
barata
boia
fria

passagem

– hoje é dia de natal, mamãe!
– oxi, menina, é nada! hoje é finados...

no ônibus,
vida e morte se confundem
na pequena cabecinha.

concílio

pro joão xxiii

a avó teve medo de Deus
quando era criança.
mas o mesmo Deus,
severo e impiedoso,
tornou-se o melhor amigo
da neta que, agora, crescia.

tudo é questão de concílio.

sabedoria

o joão,
a quem chamavam louco,
ele sabia a lua certa
pra cortar o bambu,
e o bambu não rachar.

neuza

na permanência
do laço,
arrancada
a filha sua,
andarilha
pela rua
— boneca
no braço

fuga

    real
  boreal

sobviventes

sob a ordem   sob a honra sob as rédeas   sob os medos

sob a força   sob a fome

sob os olhos   sob o certo sob o justo   sob os sonhos sob o vento   sob a chuva sob o choro   sob o céu sob o sol   sob o mal

sob as marcas   sob as dores sob os moldes   sob as mãos

sob a sorte   sob o caos sob a vida   sob a história

sob uma lápide fria.

cárcere

prisão
não é
gradear
a paisagem:

prisão
é língua
à míngua
de linguagem.

quase fim

e ainda
que o livro
termine,

ou mesmo
que a vida
acabe,

é certo
que o canto
perdura.

p.s.

o poema "sobviventes" é para as vítimas do hospital colônia.

*a lílian e márcio, pelo milagre da vida,
a anna júlia, pela verdade do amor,
e a marcelino, pela força da palavra,
minha gratidão.*

*d'onde ronca o peixe,
verão, 2022*

Índice

matriz 11
poética 13
etiologia 14
bússola 15
sala proibida 16
fonte 17
infância 18
domingo 19
passeio 20
matriz 21
algodoal 22
virtude 23
silêncio e poeira 24
riotempo 25
reverência 26
anna júlia 27
onde dorme o tempo 28
manhã 29
presença 30
escultura 31
ninho 32
pipoca 33
bisavós 34

motriz 35
registro 37
voo 38
dia das bruxas 39
rosa lúcia 40

paisagem 41
passagem 42
concílio 43
sabedoria 44
neuza 45
fuga 46
sobviventes 47
cárcere 61
quase fim 62

COLEÇÃO POESIA ORIGINAL

Quadripartida	PATRÍCIA PINHEIRO
couraça	DIRCEU VILLA
Casca fina Casca grossa	LILIAN ESCOREL
Cartografia do abismo	RONALDO CAGIANO
Tangente do cobre	ALEXANDRE PILATI
Acontece no corpo	DANIELA ATHUIL
Quadripartida (2ª ed.)	PATRÍCIA PINHEIRO
na carcaça da cigarra	TATIANA ESKENAZI
asfalto	DIANA JUNKES
Na extrema curva	JOSÉ EDUARDO MENDONÇA
ciência nova	DIRCEU VILLA
eu falo	ALICE QUEIROZ
Travessia por	FADUL M.
Caminhos de argila	MÁRCIO AHIMSA

© 2022 por Márcio Ketner Sguassábia
Todos os direitos desta edição reservados à Laranja Original.

www.laranjaoriginal.com.br

Editores   Filipe Moreau e Bruna Lima
Projeto gráfico   Marcelo Girard
Produção executiva Bruna Lima
Diagramação   IMG3

Dados Internacionais de Catalogação na Publicação (CIP)
(Câmara Brasileira do Livro, SP, Brasil)

Sguassábia, Márcio Ketner
  Sob o sono dos séculos / Márcio Ketner
Sguassábia. – 1. ed. -- São Paulo : Laranja
Original, 2022. – (Coleção poesia original)

  ISBN 978-65-86042-52-8

  1. Poesia brasileira I. Título. II. Série.

22-127881   CDD-B869.1

Índices para catálogo sistemático:
1. Poesia : Literatura brasileira B869.1
Cibele Maria Dias - Bibliotecária - CRB-8/9427

Laranja Original Editora e Produtora Eireli
Rua Capote Valente, 1198
05409-003 São Paulo SP
Tel. 11 3062-3040
contato@laranjaoriginal.com.br

Papel Pólen Bold 90 g/m² / *Impressão* Psi7/Book7 / *Tiragem* 150 exemplares